Gratuliere!

Wenn du dieses Buch in den Händen hältst, hast du es geschafft, dein Handy für mindestens fünf Sekunden aus der Hand zu legen. Das ist mehr, als die meisten schaffen. Hast du dich schon mal im Spiegel gesehen, nachdem du stundenlang auf diesen leuchtender Bildschirm gestarrt hast?

Nein? 😜

Mach dir keine Sorgen, du siehst nicht viel anders aus wie die Zombies auf dem Cover. Wenn du bereit bist, das zu ÄNDERN, dann fang besser so schnell wie möglich mit diesem Buch an.

Was hast du zu verlieren?

Vielleicht den neuesten TikTok-Trend, der in zwei Tagen sowieso niemanden mehr interessiert? Bist du bereit, für ein Buch gefüllt mit Ironie und schwarzem Humor sowie der einen oder anderen Aufgabe, die dich dein Handy vergessen lässt? Let's GO!

Öffne dieses Buch.
Wow, du hast es geschafft. Genieß den Moment des Triumphes – nicht jeder kommt so weit.

Leg das Handy weg.
Außer, im Buch wird etwas Gegenteiliges von dir verlangt. Keine Sorge, du wirst es überleben – wir haben es getestet ... an echten Zombies.

Dein neues Hirn
Dieses Buch ist dein frisches, saftiges, neues Gehirn. Nimm es überall mit hin – ins Café, zur Schule oder aufs Klo.

Zombies sind Herdentiere
Falls du beim Lesen doch wieder ins Leere starrst, hol dir einen Freund oder eine Freundin dazu. Zwei einzelne Gehirnhälften ergeben zusammen ein Ganzes.

Bevor es losgeht ...
Hier eine aufmunternde Tatsache:

Wir wollen jetzt erstmal den wahren **ZOMBIESTATUS** festhalten, den du morgens hast.

Komplett ungeschminkt und unvorbereitet.

Am Ende des Buches kannst du vergleichen: Hast du dich vom Handy-Zombie zum (halbwegs) funktionierenden Menschen entwickelt?

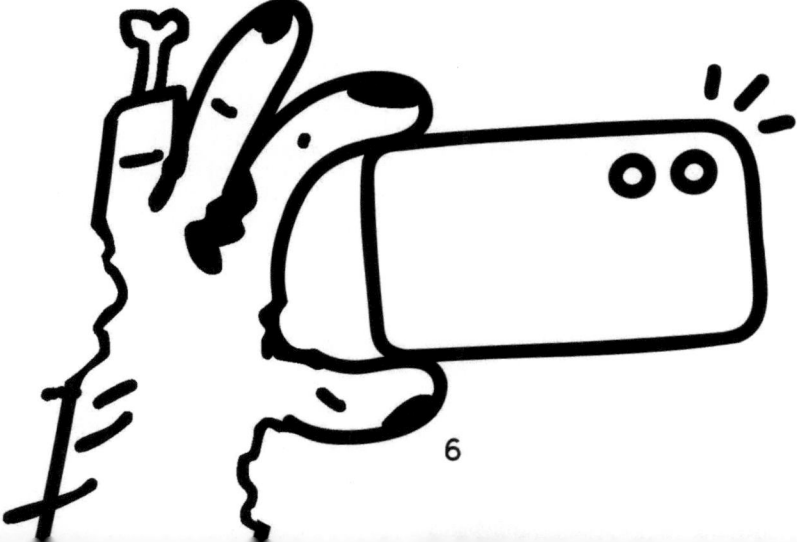

Mache direkt nach dem Aufwachen ein Foto von dir.

Ja, genau in dem Moment, in dem du dich wie ein echter Zombie fühlst.

Good morning sunshine!

Drucke das Bild an deinem Computer aus und klebe es hier rein (Wenn du schon zu sehr zu den Untoten zählst, dann bitte jemanden aus der realen Welt um Hilfe).

HANDY-CHECK

Was für ein Handy hast du?

_____

Wie bist du zu deinem Handy gekommen?

_____

Was war der Neupreis deines Handys (falls du es weißt)?

- ☐ Billiger als meine letzten Schuhe, das zählt, oder?
- ☐ Ich habe es verdrängt und mein Bankkonto weint immer noch!
- ☐ Es war ein Geschenk. Voll nett!
- ☐ Ich weiß es genau, und zwar: _____

Wie lange hast du dein aktuelles Handy schon?

- ☐ Seit Jahren, es ist praktisch ein antikes Sammlerstück.
- ☐ Gerade mal ein paar Monate – es riecht noch neu.
- ☐ Ich habe es seit: _____

Wenn du dir ein anderes Handy aussuchen könntest, welches wäre es und warum?

_____

Dein Handy geht kaputt und du musst es einschicken – was machst du in der Zwischenzeit?

- [ ] Weinen. Viel Weinen.
- [ ] Ich kaufe sofort ein neues. Das Leben muss weitergehen.
- [ ] Ich genieße 5 Minuten Ruhe, dann hole ich mein Tablet oder gehe an den PC.
- [ ] Ist nicht so schlimm. Ich werde es überleben.

Genug ist genug! ✗ ✗
Auf den nächsten paar Seiten sagst du deinem Handy den Kampf an!

Dein Handy hat dich lange genug in den Zombie-Modus versetzt. Jetzt ist Schluss damit! Schreib hier vier Dinge auf, die dich an deinem Handy so richtig nerven und zeig ihm, wer hier der Boss ist!

○ _____

○ _____

○ _____

○ _____

↑
Zeichne hier dein Handy mit einem
gigantischen Kackhaufen obendrauf.

DAS DIGITALE ENDE

Falls dein Handy dich eines Tages
ins Grab bringt ...

... wie würde dein letzter Gruß
an die Welt aussehen?

Es gibt zwei Dinge im Leben, die sicher sind:

1. Der Tod
2. Die ständige Handynutzung,

nur, dass das Zweite uns dem Ersten näherbringt. Also, bevor dein Smartphone das Letzte ist, was du siehst, warum nicht schon mal überlegen, was auf deinem Grabstein stehen könnte?

Sei kreativ, sei ehrlich, aber vor allem: sei witzig!

EINE KLEINE ZWISCHENFRAGE AN DICH:

Wie oft hast du heute dein Handy entsperrt und es waren KEINE neuen Nachrichten für dich da?

Be honest!

____ mal

Mache jetzt auf der Stelle so viele Liegestütze!

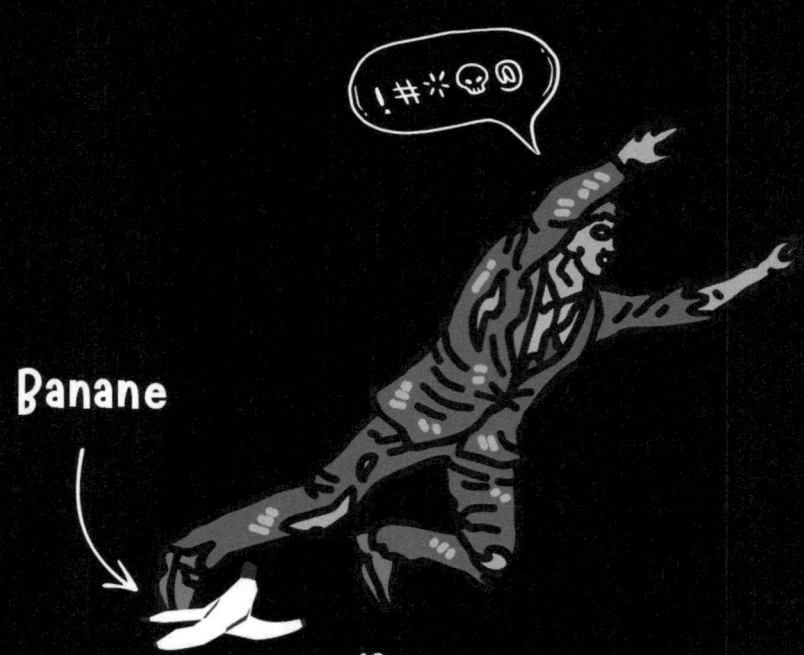

Dann lass es hier raus!

Kritzle wilde Muster oder steche mit dem Stift mehrfach durch diese Seite. Alles ist erlaubt!

Male einen gigantischen Mittelfinger

Fülle diese Seite mit Schimpfwörtern!

Reiß diese Seite heraus und verliere sie.
Du wirst den Verlust verkraften.

Wer das hier liest, ist doof!

Lass hier einen Blitz einschlagen!

Kennst du die folgende Situation? Du wolltest eigentlich schon schlafen, doch dann schaust du im Bett noch mal schnell auf dein Handy. Und da passiert es. Eine nervige Fliege malträtiert den Bildschirm.

Schnell, klatsche dieses Buch fest zu und zeichne dann auf der nächsten Seite ein, was du angerichtet hast ...

RIP

... fühlst du dich jetzt besser?

NO-GO-LISTE

Es gibt Dinge im Leben, die einem einfach den letzten Nerv rauben und das ganz ohne Vorwarnung. Hier ist deine persönliche Liste der alltäglichen Katastrophen, die wirklich niemand braucht!

- ○ Wenn jemand mit vollem Mund spricht
- ○ Leute, die mitten auf dem Bürgersteig plötzlich stehen bleiben
- ○ Schlechte Witze über meine Lieblingsserie
- ○ Menschen, die am Handy Sprachnachrichten laut abhören.
- ○ ___
- ○ ___
- ○ ___
- ○ ___
- ○ ___
- ○ ___
- ○ ___
- ○ ___

Jetzt hattest du die Gelegenheit, dich ein bisschen abzureagieren.

Wie fühlst du dich jetzt?

- ○ 😩 Total ausgelaugt
- ○ 🙁 Naja, es geht so
- ○ 😐 Irgendwie neutral
- ○ 🙂 Hm ... nicht schlecht, aber auch nicht gut
- ○ 😊 Schon ein bisschen besser
- ○ 😌 Ganz gut, könnte aber noch besser sein
- ○ 😁 Ziemlich gut drauf!
- ○ 🤩 Topfit, ausgeglichen und bereit für alles!

AUCH ZOMBIES MÜSSEN SICH MAL ENTSPANNEN ...

BUCHSTABENSALAT

Bringe die Buchstaben in die richtige Reihenfolge

BOEMZIIRNH   _____

FNILOFE   _____

ISAYLPD   _____

INOTTHR   _____

ERLEA LWTE   _____ ____

JOEIM   _____

Alle Lösungen findest du hinten im Buch.

ZOMBIEMODUS-SKALA

Wie weit bist du schon im Untoten-Stadium?

1-2 Voll im Leben – Du hast dein Handy seit Tagen nicht aufgeladen und denkst tatsächlich daran, draußen frische Luft zu atmen. Hut ab, du bist quasi unsterblich!

3-4 Handy? Was ist das? – Du könntest das Wort „Smartphone" buchstabieren, aber nur, wenn es wirklich sein muss. Digital-Detox-Guru incoming.

5-6 Bin ich online oder offline? – Du lädst deinen Akku zweimal pro Tag auf, aber immerhin kannst du dich noch an die Namen deiner Eltern erinnern.

7-8 Halb-Zombie – Du gehst durch die Straßen und blickst dabei nur auf deinen Handybildschirm. Andere Menschen auf der Straße müssen dir ständig ausweichen.

9-10 Vollzombie-Modus – Dein Handy ist eine Erweiterung deines Körpers. Ohne es wärst du nur eine leere Hülle, die ziellos durch die Welt wandert, auf der Suche nach WLAN.

Zeichne hier ein lustiges Zombie-Gesicht nach 8 Stunden Dauerhandykonsum ein.

REALITY-CHECK

Lust herauszufinden, wie viele Stunden du wirklich mit deinem Handy verbringst?

Nicht nur für Nachrichten, sondern auch für Social Media, Games und all die anderen Dinge, die dich fesseln.

Aktiviere die Bildschirmzeit-Funktion auf deinem Handy und sieh der Wahrheit ins Auge.

Wann wirst du die Bildschirmzeit auf deinem Handy aktivieren? __Jetzt__

Wie viele Tage möchtest du deine Bildschirmzeit überwachen?_____
Mind. 2-3

Welche Apps werden deiner Meinung nach am meisten benutzt? Erstelle ein Ranking!

1._____
2._____
3._____
4._____
5._____
6._____

Schätze mal, wie viel Zeit du am Tag durchschnittlich am Handy verbringst.

_____ / _____
Stunden   Minuten

Wie lange hält dein Akku durch, bevor du ihn wieder aufladen musst? Lädst du dein Handy mehrfach am Tag? „Mein Akku ist kaputt" zählt nicht!

_____

Nachdem du mindestens 2-3 Tage deine Handyaktivität überwacht hast, beantworte die folgenden Fragen:

Wie viel Zeit hast du insgesamt an deinem Handy verbracht? _____

Welche App hat dir die meiste Zeit gestohlen, und warum ist sie dir so wichtig? _____
_____
_____
_____

Warst du überrascht, oder hast du es bereits geahnt? _____

Hast du das Handy in den letzten Tagen bewusst mal weggelassen? War es einfach?
_____
_____

Was hast du durch das Tracking deiner Bildschirmzeit über dein Verhalten gelernt? Nenne, wenn möglich, zwei positive sowie negative Erkenntnisse. _____
_____
_____
_____
_____

EINE KLEINE RECHNUNG

 Stunden Handy pro Tag.

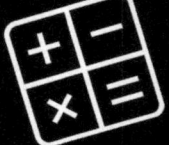

Wie viel digitaler Zombie-Modus ist das in einem Jahr?

4 Stunden
Klingt erstmal harmlos, oder?

Wir rechnen das mal kurz hoch.

4 Stunden x 365 Tage =
1.460 Stunden pro Jahr

Das sind 60,83 Tage.
Also über 2 Monate ...

... in denen du auf den Bildschirm starrst!

Was könntest du in 1.460 Stunden alles erreichen?

Es dauert etwa 400 Stunden, um ein Musikinstrument wie Gitarre oder Klavier auf einem grundsoliden Niveau zu erlernen.

Mit 1.460 Stunden könntest du 8 Jahre lang jeden Tag 30 Minuten Sport machen!

Um den Führerschein zu bekommen, benötigt man ca. 60 Stunden (inkl. Theorie, Fahrstunden und Prüfungen). Du könntest ihn also 24-mal hintereinander machen!

Was würdest du am liebsten in 1.460 Stunden erreicht haben?

_____

_____

_____

KREUZWORTRÄTSEL
→ FÜR ZOMBIES

1. Ein Gerät, das du niemals loslassen willst, auch wenn dein Akku 1 % anzeigt.

2. Was du bekommst, wenn du den ganzen Tag auf dein Handy starrst.

3. Der magische Ort, wo dein Handy nachts parkt und wieder Leben eingehaucht bekommt.

4. Das Gefühl, wenn du dein Handy nicht finden kannst.

5. In einem Funkloch gibt es keinen ...

6. Was schaltest du ein, wenn der Akku unter 10 % hat?

7. Was passiert, wenn du ohne Handy ins Bett gehst?

8. Der Ort, an dem du ständig dein Handy checkst, auch wenn du nicht solltest.

9. Blauer Zahn auf Englisch

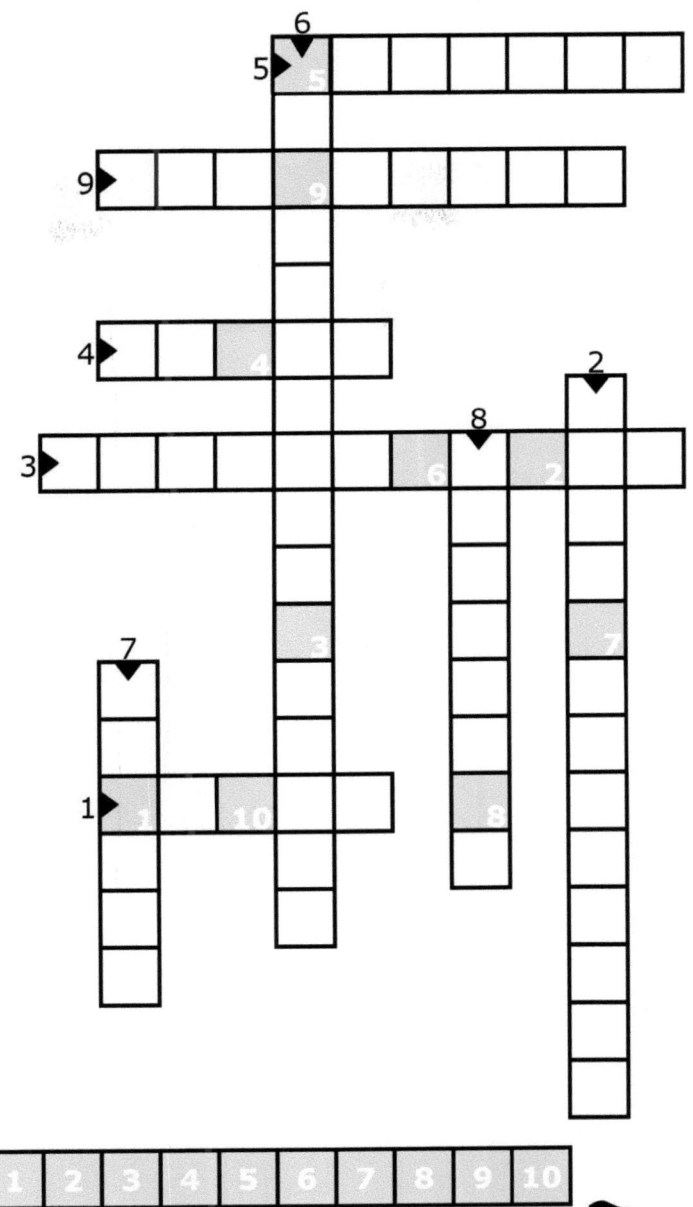

LÖSUNGSWORT

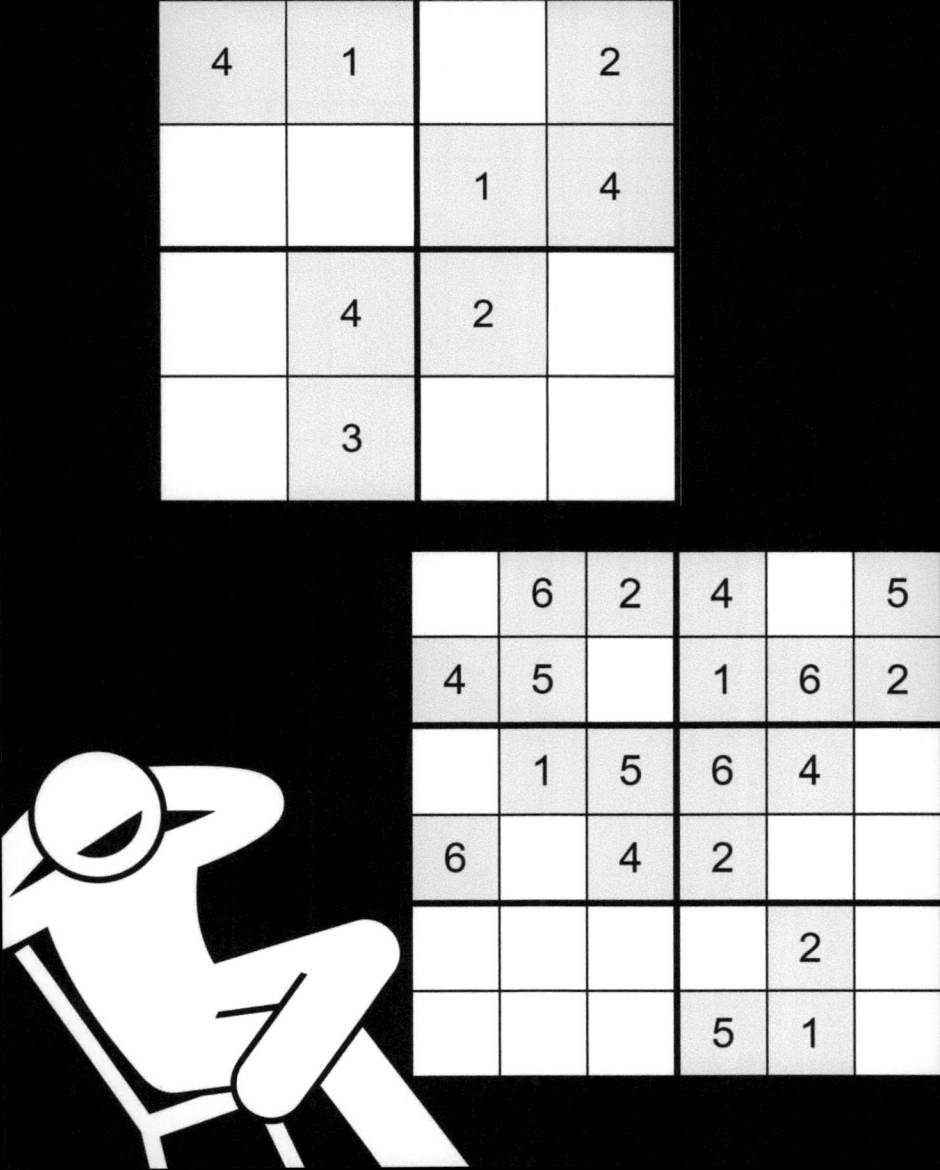

LEVEL: Mensch

	8	6			2	9	1	7
			8	3		5	4	
2	5		1		9		3	8
	6	8		9		4		1
5	4			1	7			
	3		4	2			6	5
	1	3	9	5	4	2	7	
	9			8	1		5	4
4		5			3	1	8	9

Fühlst du dich
jetzt lebendiger?

QUIZ DICH LEBENDIG

Wann wurde das erste kommerziell erhältliche Mobiltelefon vorgestellt?

A. 1983   B. 1990   C. 2001   D. 1975

Antwort: ___

Was bedeutet die Abkürzung >>SMS<<?

A. SHORT MESSAGE SYSTEM   B. SIMPLE MESSAGING SERVICE
C. SHORT MESSAGE SERVICE   D. SMART MOBILE SERVICE

Antwort: ___

Welches Betriebssystem nutzen die meisten Smartphones weltweit?

A. ANDROID   B. IOS   C. WINDOWS PHONE   D. BLACKBERRY OS

Antwort: ___

Das erste kommerzielle Mobiltelefon?

A. NOKIA 3310   B. MOTOROLA DYNATAC 8000X
C. SAMSUNG GALAXY   D. APPLE NEWTON

Antwort: ___

Welcher Hersteller war der erste, der ein faltbares Smartphone auf den Markt brachte?

A. HUAWEI   B. SAMSUNG   C. MOTOROLA   D. LG

Antwort: ___

Wie viele Stunden verbringt ein durchschnittlicher Smartphone-Nutzer täglich an seinem Handy?

A. 2 STUNDEN   B. 3 STUNDEN   C. 4 STUNDEN   D. 5 STUNDEN

Antwort: ___

LEVEL: BABY ZOMBIE

Wenn du hier stecken bleibst, solltest du dir vielleicht ernsthaft Gedanken machen ...

LEVEL: ECHTER MENSCH

Okay, hast du das Baby-Zombie-Level geschafft?
Gratulation, dein Hirn funktioniert wohl noch. Wie sieht es denn hiermit aus?

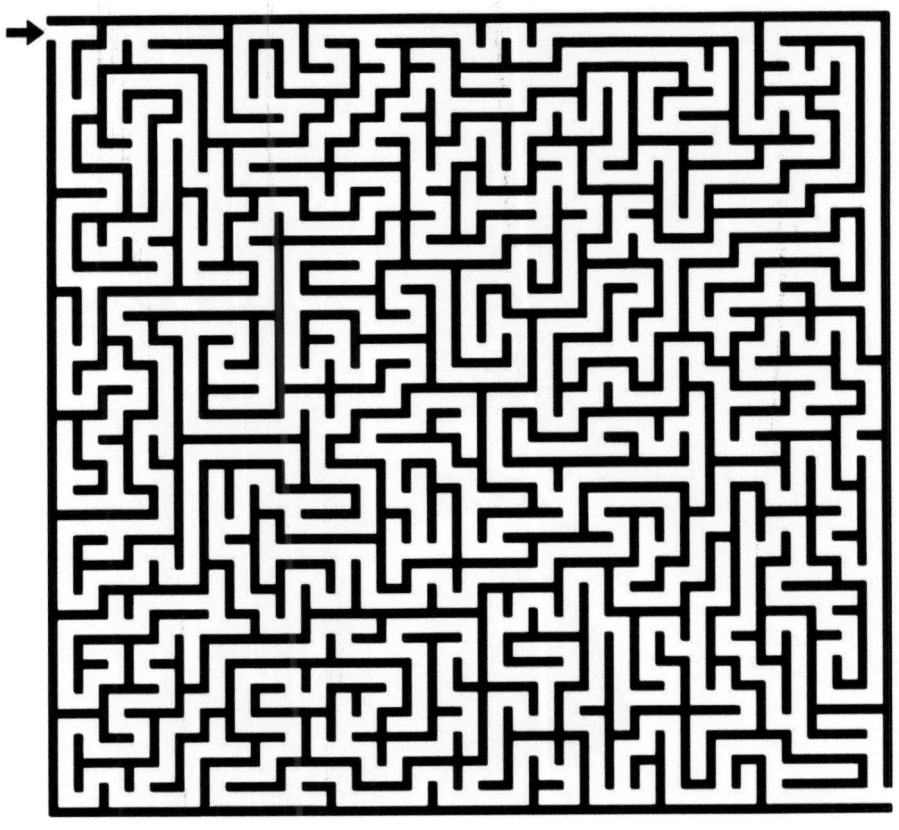

Diese Lösungen gibt es NICHT hinten im Buch.
Wir glauben an dich. Du kriegst das schon hin.

WORTSUCHE

Ablenkung
App
Bildschirmzeit
Digital Detox
Flugzeugmodus
Offline
Selfie
Smartphone
Social Media
Zombie

I	C	E	N	O	H	P	T	R	A	M	S	F	D	H	K
U	N	T	I	E	Z	M	I	R	H	C	S	D	L	I	B
M	T	S	H	V	Q	Y	M	D	T	O	U	D	D	S	N
Z	M	O	E	G	G	F	E	D	S	Z	N	I	U	S	T
D	Q	C	S	E	L	F	I	E	A	B	G	D	G	D	L
R	Z	I	B	R	C	M	A	C	E	I	O	A	X	R	B
X	S	A	Q	Z	D	S	X	N	T	M	B	Q	I	X	I
H	G	L	T	L	R	U	I	A	G	L	I	C	I	J	N
C	C	M	H	S	L	L	L	U	E	F	E	V	A	G	L
Z	L	E	Q	W	F	D	E	N	A	I	C	F	Z	D	G
B	N	D	C	F	E	Z	K	M	P	Y	H	V	K	K	B
L	W	I	O	T	G	U	E	I	B	M	O	Z	A	R	B
B	L	A	O	U	N	P	O	K	L	S	G	N	G	Y	C
K	L	X	L	G	Z	F	N	G	M	P	B	S	N	Y	W
K	X	F	J	S	A	J	A	K	V	I	D	H	Q	L	Z
Q	S	P	Z	K	D	M	U	A	P	P	Q	F	X	C	M

Die Wörter sind horizontal, vertikal und diagonal versteckt.

IST DAS KUNST?

Kritzele einfach auf der Seite rum, ohne nachzudenken, und sieh, was sich entwickelt.

ODER KANN DAS WEG?

Zeichne unbewusst zwei Objekte und versuche, sie danach in eine sinnvolle Zeichnung zu verwandeln.

SUPERKRAFT GEFÄLLIG?

Zombies sind zwar keine Superhelden, aber wenn sie eine Superkraft hätten, wäre es wohl unbesiegbares Gammeln – jetzt bist du dran, dir eine coolere Fähigkeit auszusuchen!

Unsichtbarkeit	ODER	Gedankenlesen
Unbegrenzte körperliche Ausdauer	ODER	Sich von Verletzungen sofort heilen können
Die Zeit anhalten	ODER	Dich blitzschnell an jeden Ort teleportieren können
Alle Sprachen der Welt verstehen und sprechen können	ODER	Mit Tieren sprechen können
Die Fähigkeit, in die Zukunft zu sehen	ODER	Die Fähigkeit, die Vergangenheit zu verändern

Unbegrenzt essen können, ohne zuzunehmen	ODER	Keinen Schlaf mehr zu brauchen, ohne müde zu sein
Fliegen können	ODER	Durch Wände gehen können
Superstärke	ODER	Übermenschliche Geschwindigkeit
Jeder Lüge sofort auf die Spur kommen	ODER	Niemals vergessen können
Die Macht der Telepathie	ODER	Die Fähigkeit, die Gedanken anderer zu kontrollieren
Die Fähigkeit, jeden sofort zu heilen	ODER	Unsterblichkeit
Gestaltwandlung	ODER	Die Fähigkeit, die Realität zu manipulieren

DETOX BINGO

Beim Detox-Bingo streichst du ein Feld durch, sobald du die darin beschriebene Aufgabe erledigt hast. Hast du vier Felder in einer Reihe, Spalte oder Diagonale geschafft, hast du gewonnen.

1 Tag ohne Social Media	Handy 2 Stunden auf lautlos gelassen	Ein Problem gelöst, ohne das Handy zu benutzen	1 Buchkapitel gelesen, statt aufs Handy zu schauen
Nachrichten erst nach 3 Stunden beantwortet	Handy für 1 Stunde im Flugmodus gelassen	Beim Essen nicht aufs Handy geschaut	Handy für 2 Stunden auf Nicht stören gestellt
Den Bildschirm nicht vor 10 Uhr morgens eingeschaltet	Einen Freund getroffen, ohne dabei aufs Handy zu schauen	Jemanden angerufen statt eine Nachricht zu senden	Vor dem Schlafengehen 1 Stunde handyfrei
Ein Spiel mit Freunden gespielt, ohne das Handy zu benutzen	Beim Kochen komplett aufs Handy verzichtet	Einen ganzen Film im Kino geschaut, ohne aufs Handy zu schauen	Mehr als 3 Stunden ohne Handy verbracht

AUSREDEN

Erfinde ein paar lustige Ausreden.
Wer weiß wofür es irgendwann mal gut ist.

> Tut mir leid, ich kann nicht ... Mein Kühlschrank hat mich eingeladen, seinen Inhalt zu bewundern, und das dauert immer eine Weile.

> Ich würde ja mitkommen, aber ich hab versprochen, meine Sockenschublade nach Farben zu sortieren.

> Kann leider nicht, meine Pflanze hat heute Therapie und ich muss sie emotional unterstützen.

Kritzle schnell eine Horde Zombies, die den Ritter verfolgen.

Prinzessin, ja! Drachen, ja!

Von Zombies stand allerdings nichts in der Aufgabenbeschreibung!

GALGENMÄNNCHEN

Schnapp dir einen FREUND oder eine Freundin und leg los!

SCHIFFE VERSENKEN

Trenne die nächsten zwei Seiten vorsichtig aus dem Buch und leg los.

−SCHUMMELN VERBOTEN−

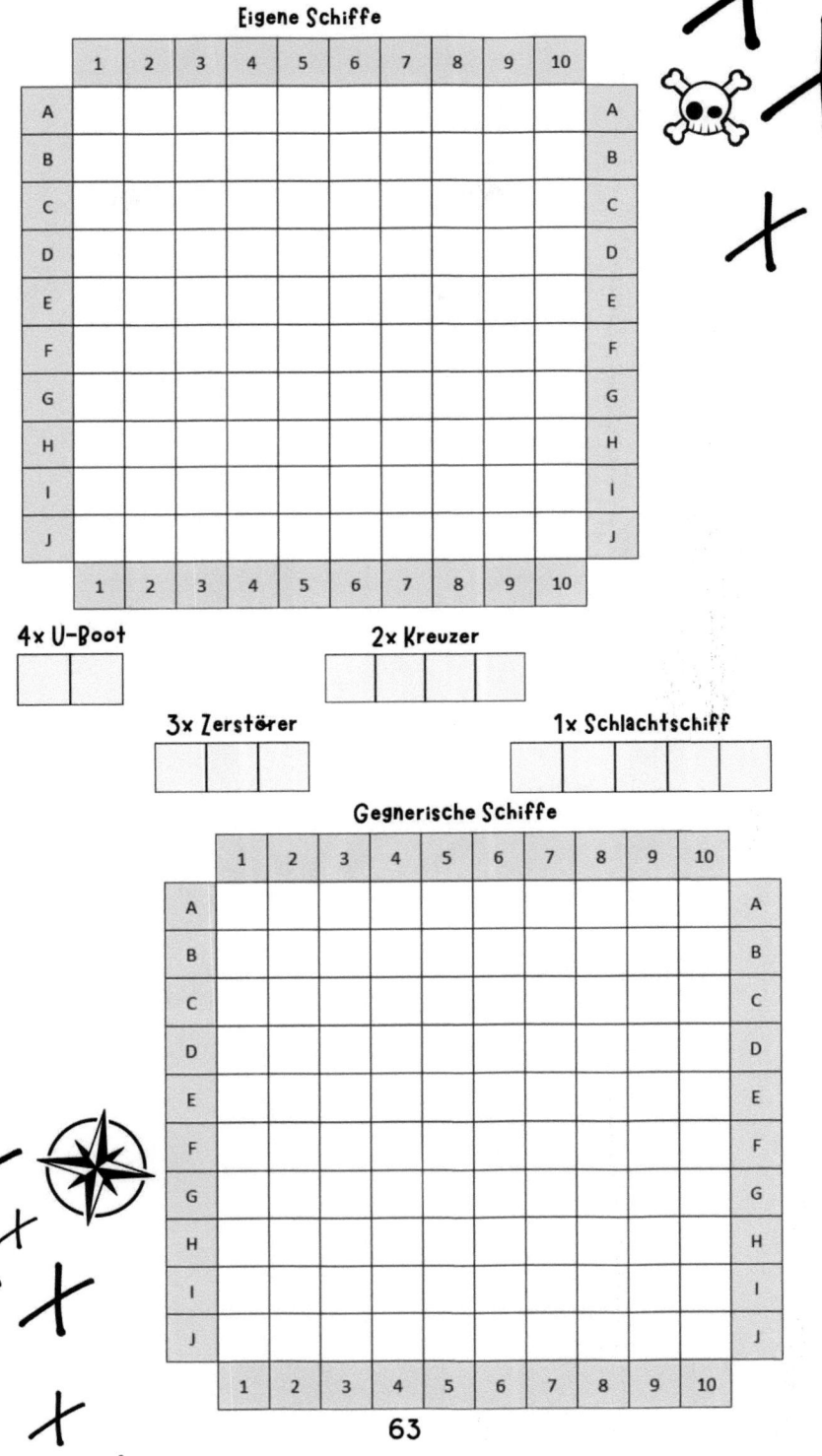

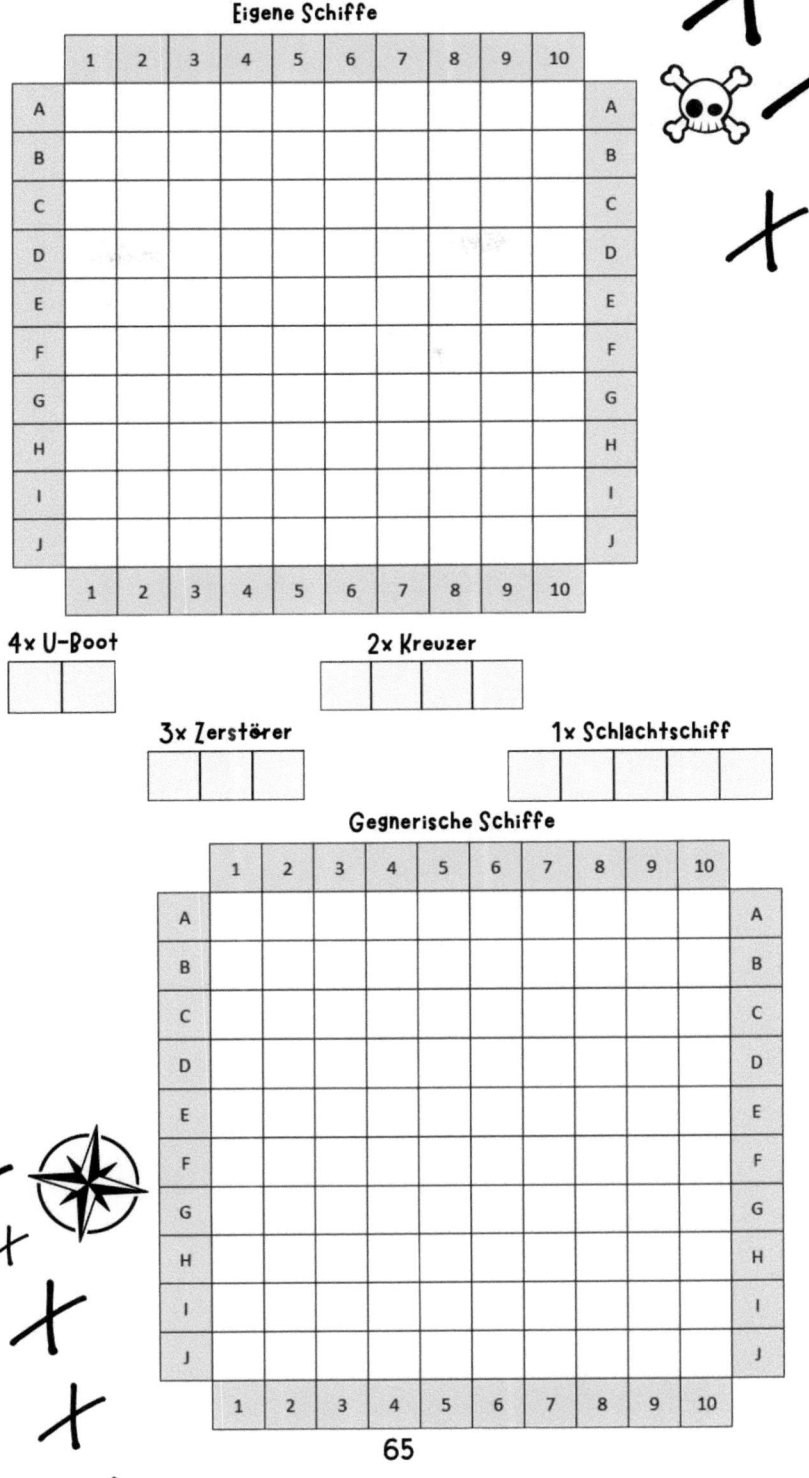

UNSER TIPP DES TAGES

Wenn dein Finger schon wieder zur Unlock-Taste wandert, schnapp dir lieber dieses Buch.

HANDY DETOX

Viele Leute hängen ausschließlich am Handy und bekommen gar nicht mehr mit, was um sie herum passiert. Klar, Social Media lenkt gut ab und mag spannend erscheinen, aber auf lange Sicht kommst du nicht richtig in der realen Welt an. Und bei dir selbst schon gar nicht.

Und das ist doch das Wichtigste, oder?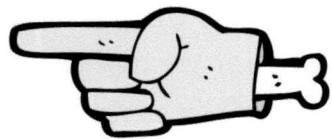

Dich selbst richtig zu kennen, ist der erste Schritt, um ein starkes Selbstbewusstsein aufzubauen. Warum ist das wichtig und wie wird es dir helfen, weniger Zeit am Handy zu verbringen? Weil es dir mehr innere Stärke und Klarheit geben wird. Wenn du dich selbstsicher fühlst und deinen Wert kennst, bist du weniger abhängig davon, Anerkennung und Bestätigung durch Likes oder Nachrichten auf Social Media zu bekommen. Du kannst besser unterscheiden, wann du am Handy etwas wirklich Wichtiges machst und wann es nur Ablenkung ist, die dir eigentlich nicht gut tut.

Lerne dich selbst etwas besser kennen, indem du auf den nächsten Seiten ein paar Fragen beantwortest.

Okay, hier ist der Deal:

Damit das Ganze hier nicht zu öde wird und du am Ball bleibst, fangen wir mal mit einer kleinen Wette an ...

Wir WETTEN, dass wir es schaffen, dir zu beweisen, dass in deinem Zombiehirn mehr steckt, als du denkst. Ja, richtig gehört! Aber hier ist der Clou: Du musst nicht einfach nur nachdenken, sondern du musst noch eine Ebene tiefer graben, während du die Fragen beantwortest. Wenn wir das hinkriegen, haben wir gewonnen.

Deal?

Also ... unsere erste Frage an dich lautet:

Was war das ZWEIT schönste Erlebnis, das du je in deinem Leben hattest?

Kurze Pause ...

Ha! Hast du gerade überlegt, welches Erlebnis an ERSTER Stelle war? Na siehste, du denkst doch tiefer als ein typischer Handy-Zombie.

Wette gewonnen! Dein Hirn ist wach. Willkommen zurück unter den Lebenden!

So, jetzt Spaß beiseite und weiter geht's
mit voller Ernsthaftigkeit :)

Mit welcher Person in deinem Leben würdest du gerne deine schönsten zwei Erlebnisse teilen?
_____

Mit wem hast du die meisten tollen Erinnerungen? _____
_____

Mit wem hättest du gerne weitere tolle Erinnerungen? _____
_____

Welche Person gib dir in deinem Leben am meisten Halt?_____
_____

Welche Eigenschaften schätzt du an dir besonders? _____
_____

Würdest du gerne dein Leben mit jemandem, den du kennst, tauschen? Wenn ja, warum?
_____

Wer sind deine Vorbilder (und nein, keine Influencer!)?_____
_____

Das lief doch schon mal ganz gut.

Denk daran, dass starke Vorbilder dir helfen können, deine eigenen Werte und deine Ziele klarer zu sehen.

Als Nächstes nehmen wir uns mal deine unmittelbare Umgebung vor.

Genau, dein Zimmer.

Wir sind zwar nicht deine Eltern, aber schicken dich trotzdem da jetzt hin.

„Geh sofort in dein Zimmer!"

Diesen Spruch schon mal gehört?

Hast du schon mal überlegt, wie dein Leben aussehen könnte, wenn du die Kontrolle über deine Zeit und Umgebung voll ausnutzt? Lass uns darüber nachdenken, wie du die Welt um dich herum gestaltest.

Wie fühlst du dich in deinem Zimmer?

_____

_____

Ist dein Zimmer so, wie du es dir wünschst?

_____

Was würdest du ändern, wenn du könntest?

_____

_____

Welche Gegenstände in deinem Zimmer spiegeln dich wider?
_____
_____

Gibt es Dinge, die dir besonders wichtig sind?
_____

Oder hast du Sachen, die du eigentlich nicht mehr brauchst?

Mach 'ne kurze Liste:

1._____ 2._____
3._____ 4._____

Was wirst du mit diesen Sachen machen?

Spenden ⟶ Der Gegenstand ist noch gut und kann noch benutzt werden.

Entsorgen ⟶ Der Gegenstand ist kaputt oder zu abgenutzt.

Weniger überflüssige Dinge bedeuten weniger Ablenkung und mehr Fokus. Chaos um dich herum führt schnell zu Chaos in deinen Gedanken. Hiermit wollen wir dir sagen, dass es manchmal gut ist, sich von Ballast zu trennen.

Übrigens.
Ein sauberes Zimmer ist:

DEIN PERSÖNLICHES SCHUTZSCHILD

gegen das ständige Meckern deiner Eltern.

Aber vielleicht meckern sie auch gar nicht.

Und da wir gerade bei dem Thema Eltern sind ... Hier eine witzige Zwischenaufgabe: Überlege dir ein paar lustige oder peinliche Ausreden für die Schule.

Mein Kind kommt heute nicht, weil es sich in einem TikTok-Loch verirrt hat und noch keine Rückkehr geplant ist.

Sorry, mein Kind kommt heute zu spät, weil es eine Serie auf Netflix angefangen hat und dann festgestellt hat, dass es 8 Staffeln gibt.

SETZ DIR EIN ZIEL

— und schick dein Handy in den Urlaub!

Mein Handy-Detox-Ziel:

Ich werde mein Handy für ____ / ____
nicht benutzen.   Stunden / Tage

Beginnen werde ich am: _____

Meine Motivation:_____
_____
_____

Wenn ich es schaffe, werde ich mich belohnen mit ...

Belohnung:
_____
_____

Tipp: Versuch's erstmal mit kleinen Schritten. Niemand erwartet, dass du sofort wie ein Mönch in die Einsamkeit gehst, aber wie wäre es mit 2 Stunden ohne Handy? Klingt leicht? Versuch's mal und schau, wie oft du unbewusst nach deinem Smartphone greifst ... Scary, oder?

DEIN FORTSCHRITTS-TRACKER

Wie lange habe ich es ohne Handy geschafft?
_____

Wie oft wolltest du in dieser Zeit geschätzt nach deinem Handy greifen?
_____

Meine Gedanken während der Zeit ohne Handy:_____
_____
_____
_____
_____
_____
_____

Gefühl danach:

○ 🥶 Handy-Entzug tut weh

○ 😬 Schwierig, aber ich hab's geschafft

○ 😎 Detox-Profi

DETOX ROUTINE
–Deine tägliche Handy-Detox-Routine

Erstelle eine Liste mit einfachen Schritten für eine tägliche Routine, um die Handyzeit zu reduzieren.

Zum Beispiel:

Morgens ⟶ Kein Handy die erste Stunde nach dem Aufwachen.

Tagsüber ⟶ Zeitlimits für Social Media setzen.

Abends ⟶ 30 Minuten vor der Schlafenszeit das Handy weglegen.

○ _____
○ _____
○ _____
○ _____
○ _____
○ _____
○ _____
○ _____

24 STUNDEN CHALLENGE
– OHNE HANDY

Ja, du hast richtig gehört.

Wann hast du das letzte Mal bewusst eine Stunde ohne dein Handy verbracht?
_____

Welche App könntest du problemlos einen Tag lang nicht nutzen?
_____

Was hast du als Letztes auf deinem Handy gegoogelt?
_____

Die Idee hinter dieser Challenge ist, dass du aktiv darüber nachdenkst, wie oft und in welchen Momenten du dein Handy nutzt. Wichtig ist, dass du dich in den 24 Stunden ablenkst. Nimm dir am besten was Lustiges vor, was fast den ganzen Tag dauert, oder dich tagsüber lange beschäftigt hält. Hier sind ein paar Tipps:

- ○ Geh raus und mach eine Wanderung
- ○ Plane deinen nächsten Urlaub oder Ausflug
- ○ Lies ein Buch
- ○ Koche ein neues Gericht
- ○ Besuche ein Museum oder eine Ausstellung
- ○ Treibe Sport, der dich glücklich macht
- ○ Spiele ein Gesellschaftsspiel mit Freunden
- ○ Bastle oder baue etwas

SUPER-SNACK CHALLENGE

Snacks sind zum Teilen da! Nimm dir eine Tüte Chips oder Gummibärchen und teile sie mit einem Freund oder einer Freundin.

ICH BIN NICHT ICH, WENN ICH HUNGRIG BIN

SNACK BAR

DOODLE CHALLENGE

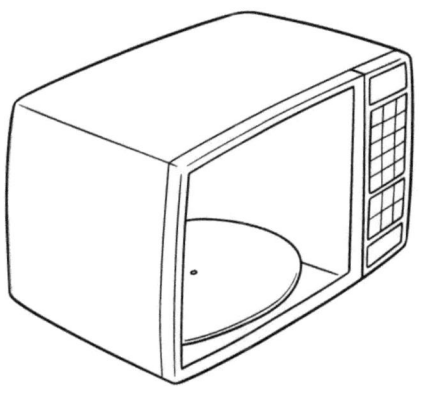

Zeichne einen Zombie, der ein Handy in der Mikrowelle erwärmt! Du hast 2 Minuten Zeit.

STYLE CHALLENGE

Erstelle ein *stylisches* Outfit aus Second-Hand-KLEIDUNG

Du weißt genau, welche ich meine.
Die Art, bei der du im Nachhinein denkst:

Wie zur Hölle sollte das jemals funktionieren?!

Schreib hier den schlechtesten Ratschlag auf, den du je bekommen hast, und lass ihn uns gemeinsam feiern (oder vergessen):

DU HAST DIE WAHL

Schau dir unseren fröhlichen Zombie an! Er hat gerade einen wunderschönen Luftballon bekommen und freut sich riesig.

• • •

Aber was wäre, wenn du ihm einen kleinen Streich spielst?

OPTION A

Lass den Luftballon platzen!

OPTION B

Gib dem Zombie noch mehr Luftballons!

• • •

Du hast die Wahl!
Zeichne deine Entscheidung auf die nächste Seite und füge die Reaktion des Zombies hinzu!

„Luftballons machen das Leben leichter ...

Beende dieses Zitat.

WORTSUCHE

Bettmuffel

Gamer

Nervensäge

Cringe

Popel

Kackhaufen

Ohrenschmalz

Schwitzfleck

D	T	U	K	X	T	L	H	T	C	L	Y	W	Z
U	O	J	K	A	N	L	U	D	Y	K	B	Y	L
U	Z	Z	N	U	C	W	Y	C	R	E	M	A	G
J	R	W	L	E	E	K	E	F	O	P	R	S	B
F	D	G	U	A	R	N	H	A	Z	S	S	O	E
K	O	O	P	U	M	V	X	A	Y	Z	I	F	T
T	D	K	U	E	C	H	E	R	U	H	E	V	T
X	P	R	V	U	G	F	C	N	R	F	A	C	M
P	O	P	E	L	J	N	O	S	S	E	E	K	U
W	R	X	D	S	V	H	I	T	N	Ä	X	N	F
W	W	P	N	D	P	B	C	R	I	E	G	J	F
U	X	Q	Q	H	G	N	R	O	C	E	R	E	E
S	C	H	W	I	T	Z	F	L	E	C	K	H	L
I	B	I	S	I	I	S	W	Q	K	O	X	H	O

Die Wörter sind horizontal, vertikal und diagonal versteckt.

WÜRDEST DU LIEBER ...

Deine Zähne für immer mit dem Finger putzen **VS.** Deine Haare für immer mit Wasser aus der Toilette waschen

Immer sagen, was du denkst **VS.** Nie sagen, was du denkst

3 Nasenlöcher haben **VS.** 1 Nasenloch haben

Den Rest deines Lebens einen Helm tragen **VS.** Den Rest deines Lebens eine Warnweste tragen

Als Einziger nackt auf einer Familienfeier sein **VS.** Oder als Einziger angezogen

Für immer Musik viel zu laut hören **VS.** Für immer Musik viel zu leise hören

Nie wieder Nachtisch essen **VS.** Jeden Tag um 5:30 aufstehen müssen

Nie wieder Toilettenpapier benutzen **VS.** Nie wieder Hände waschen können

TRY →NOT TO LAUGH CHALLENGE

96

LIES LAUT VOR!
→ WER LACHT, VERLIERT!

Warum kann man ein Wurstbrot nicht anrufen?
Es ist ständig belegt.

Geht ein Dalmatiner einkaufen, fragt die Kassiererin: „Sammeln Sie Punkte?"

Der Lehrer sagt zu Fritzchen: „NENNE MIR BITTE DREI TIERE."
Fritzchen antwortet: „PFERDCHEN, SCHÄFCHEN UND MÄUSCHEN."
Da sagt der Lehrer: „UND JETZT BITTE OHNE -CHEN."
Fritzchen: „KANIN, EICHHÖRN UND FRETT."

Was steht auf dem Grab eines Mathelehrers?
Damit hat er nicht gerechnet.

Wir nennen es mal die ☠ → ULTIMATIVE ERFRISCHUNG

Stell dich der kalten Dusche und erlebe einen **BELEBENDEN** Start in den Tag.

Was ging dir durch den Kopf, als du das kalte Wasser aufgedreht hast?

Wie hast du reagiert, als das Wasser deine Haut berührt hat?

Wie hast du es geschafft, unter der kalten Dusche zu bleiben?

Würdest du die Cold Shower Challenge erneut machen? Warum?

Trage hier ein, wie lange du es unter dem kalten Strahl ausgehalten hast: ➔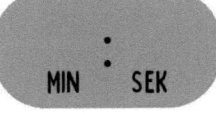
MIN : SEK

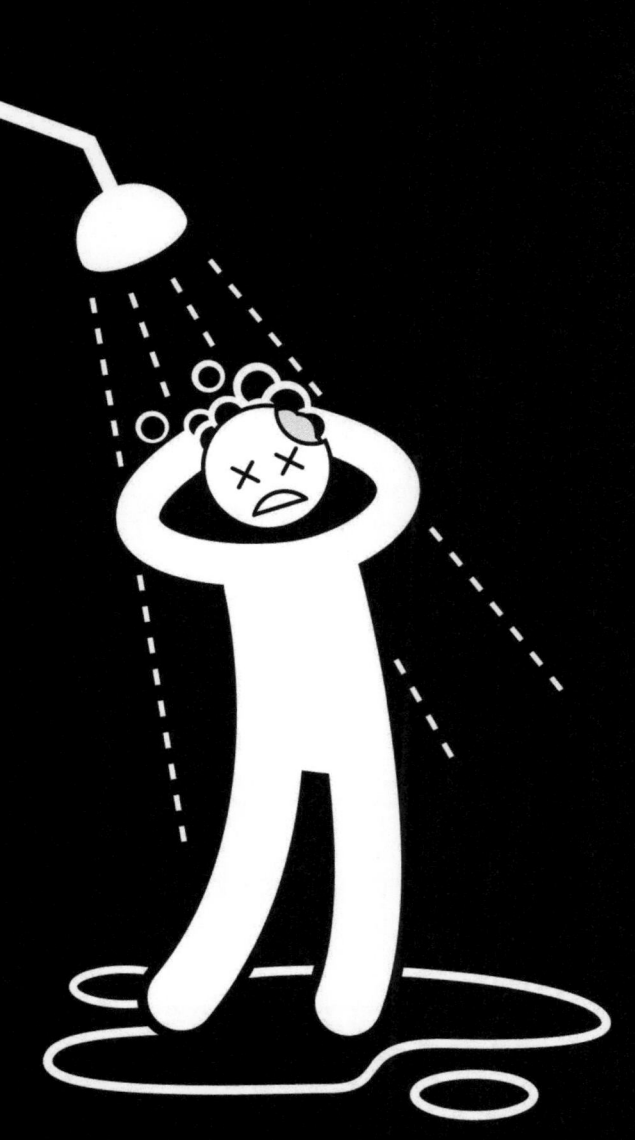

ZOMBIE-MODUS BESIEGT!

Schau dich an – du bist immer noch hier und hast es bis zur letzten Seite geschafft. Herzlichen Glückwunsch dafür! Mit jeder Seite hast du ein bisschen mehr Klarheit gewonnen.

Und jetzt? Was wirst du tun, da du wieder unter den Lebenden bist?
Bleib wach, denk selbst und vergiss nicht – dein Handy kann warten, das echte Leben nicht!

Maximilian Freude

LÖSUNGEN

ZOMBIEHIRN
OFFLINE
DISPLAY
HIRNTOT
REALE WELT
EMOJI

4	1	3	2
3	2	1	4
1	4	2	3
2	3	4	1

1	6	2	4	3	5
4	5	3	1	6	2
2	1	5	6	4	3
6	3	4	2	5	1
5	4	1	3	2	6
3	2	6	5	1	4

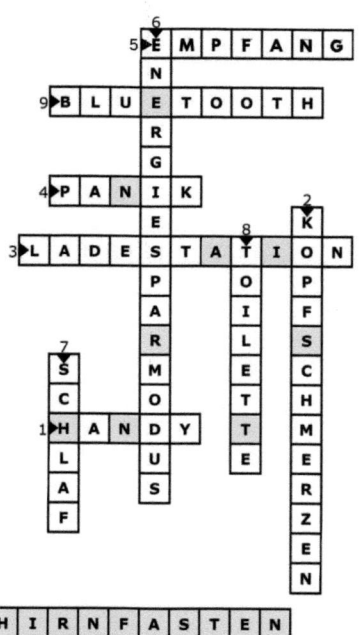

3	8	6	5	4	2	9	1	7
1	7	9	8	3	6	5	4	2
2	5	4	1	7	9	6	3	8
7	6	8	3	9	5	4	2	1
5	4	2	6	1	7	8	9	3
9	3	1	4	2	8	7	6	5
8	1	3	9	5	4	2	7	6
6	9	7	2	8	1	3	5	4
4	2	5	7	6	3	1	8	9

A. 1983

C. SHORT MESSAGE SERVICE

A. ANDROID

A. NOKIA 3310

B. SAMSUNG

C. 4 STUNDEN

Noch mehr Bücher von Maximilian Freude? Aber klar doch!

Von schrägen Weltrekorden und vergessenen Helden der Geschichte bis hin zu Fakten, die selbst Erwachsene verblüffen - hier wartet ein wahres Feuerwerk des Wissens auf neugierige Köpfe ab 10 Jahren. Jedes Kapitel steckt voller Überraschungen: zehn faszinierende Fakten, die in der Schule kaum jemand kennt, eine inspirierende Persönlichkeit, die Geschichte schrieb, und knifflige Fragen, die zum Mitdenken anregen. Interaktive Seiten laden zum Mitmachen ein, und fünf spannende Quizfragen testen am Ende dein Wissen.

Hast du Lust, deine Stärken zu entdecken, dich selbst weiterzuentwickeln und die Welt ein kleines bisschen besser zu machen? Dann ist dieses Buch genau das Richtige für dich! Mit abwechslungsreichen und unterhaltsamen Challenges unterstützt es dich dabei, dein Selbstbewusstsein zu stärken und deine Fähigkeiten gezielt weiterzuentwickeln. Du wirst lernen, eigenständig zu handeln, kreative Ideen zu entfalten und besser im Team zu arbeiten. Gleichzeitig fördert es deine Zuverlässigkeit und hilft dir, Verantwortung zu übernehmen. Lass dich inspirieren und finde heraus, was in dir steckt!

Hier geht es weiter zur Autorenseite!

Impressum

Lucid Page Media (ein Imprint der Orbita Media GmbH)
Ericusspitze 4
20457 Hamburg
Deutschland

http://lucidpagemedia.de
kontakt(at)lucidpagemedia.de

ISBN: 978-3-69104-127-9

1. Ausgabe

Copyright © Maximilian Freude

Alle Rechte vorbehalten.

Das Werk darf - auch auszugsweise - nur mit der Genehmigung des Verlags vervielfältigt werden.